Em Busca da Cruz

O Ingresso no Reino do Amor

Edson Machado

Em Busca da Cruz

O Ingresso no Reino do Amor

MADRAS
Espírita

© 2001, Madras Editora Ltda.

Editor:
Wagner Veneziani Costa

Produção, Arte e Criação:
Set-up Time Artes Gráficas

Ilustração da Capa:
André Seródio

Revisão:
Cristina de Fátima A. Lourenço
Vivien Helene Hermes

ISBN 85-7374-353-0

Proibida a reprodução total ou parcial desta obra, de qualquer forma ou por qualquer meio eletrônico, mecânico, inclusive por meio de processos xerográficos, sem permissão expressa do editor (Lei nº 9.610, de 19.2.98).

Todos os direitos desta edição, para a língua portuguesa, reservados pela

MADRAS EDITORA LTDA.
Rua Paulo Gonçalves, 88 — Santana
02403-020 — São Paulo — SP
Caixa Postal 12299 — CEP 02098-970 — SP
Tel.: (0_ _11) 6959.1127 — Fax: (0_ _11) 6959.3090
http://www.madras.com.br

In memorian
Aristides Machado da Nóbrega e
Estefânia da Silva Machado,
meus pais.

Índice

Prefácio	11
Em busca da cruz	13
Qual fortaleza	15
Perseverança	17
Ele voltará	19
Relembrando Francisco	21
Caminhos da evolução	23
Amor puro	25
A trilha estreita	27
Larga experiência	29
Em busca do tempo perdido	31
O retorno do filho pródigo	33
Água viva	35
O santuário	37
À espera do pastor	39
O sonho não acabou	41
Manto de trevas	43
Apelo	45
Inesperada visita	47
Visão do futuro	49

Pregando aos pássaros	51
Visão do reino	53
A trilha	55
O regresso	57
Como Jó	59
A coroa da vida	61
A senda	63
Alegre trinar	65
Apenas quatro letras	67
Pés sagrados	69
Caridade pura	71
Um raio de luz	73
Acalentando sonhos	75
Sabor de verdade	77
Primeiro passo	79
A bondade	81
O reino	83
Maus presságios	85
Seguindo o coração	87
Apenas seixos	89
O hóspede	91
Mestras generosas	93
Ele voltou	95
A lágrima	97
Mistérios da vida	99
Boa porção	101
Bem valioso	103
A semeadura e a colheita	105
A quinta-essência do evangelho	107

Apêndice
O enjeitado	111

Princípio 113
Sonhos 115
Esperança 117
Pedras 119
Pausa 121
Manhã 123
Redenção 125
O emprego 127
Mutação 129
Galiléia 131
Última réstia 133

Prefácio

À porta da choupana, à tardinha, recebia a visita de pequenos admiradores que lhe vinham cobrar lições de vida e de sabedoria.

Muitas vezes, levantando os olhos por cima daquelas pequenas cabeças, via-se transportado à distante África e seu olhar se alongava para além das savanas, que a brisa da manhã beija e inebria.

Naqueles momentos, enlevado, revivia imagens queridas de sua infância.

A realidade, no entanto, era bem outra. Dezenas e dezenas de anos trabalhando de sol a sol a terra do seu senhor. Muitas vezes conheceu o tronco e a chibata.

A tudo suportava. Uma força estranha parecia reconfortá-lo e dar-lhe coragem para enfrentar tanto sofrimento.

Um dia, porém, já velhinho, alquebrado, espinha vergada por tanta luta, rogou ao Pai que o levasse.

E, como ele mesmo, certa vez, disse a um amigo: "O Pai me veio buscar!"

Pai Jacó, esse o seu nome. A sua assistência espiritual, levada a distantes rincões de nossa Pátria, carrega sempre a marca do amor, puro e cristalino, que vai desde aquelas lições aos seus pequenos ouvintes até o gesto de grandeza ao socorrer o irmão que, lá distante no tempo, o mandava açoitar.

Vale aqui lembrar que o Prof. Herculano Pires, o grande batalhador da Doutrina Espírita, certa vez, prestou uma homenagem aos escravos africanos que, deixando a Pátria, trouxeram para as terras do nosso Brasil a sua crença na existência dos espíritos, iniciando, através do mediunismo, a comunicação com os nossos irmãos vivendo em outra esfera.

Esses amigos abriram o caminho para a entrada do Espiritismo em nosso meio.

Este livro é uma homenagem a esse espírito humilde, cujo coração tem o brilho dos verdadeiros discípulos do mestre Jesus.

O Autor

Em Busca da Cruz

Caminhava, escoteiro, enfrentando os penedos do mundo, guardando, mesmo assim, no peito, a chama da Esperança.

Pela vida, raríssimas vezes encontrara um braço amigo ou um companheiro para a ajuda fraterna.

Sempre e sempre, o travor da derrota a fechar-lhe as portas.

Mas não se desesperava. Sentia em cada pedrinha do caminho a promessa do Senhor: "Bem-aventurados os que choram, porque eles serão consolados". Naqueles momentos, percebia uma força inesperada a impulsioná-lo para a frente, para o alto.

Quando as trevas do mundo já cobriam o seu espírito, sentiu aproximar-se uma criança maltrapilha e faminta, a pedir-lhe, apenas, um pedaço de pão.

Compadecido, retirou da sacola o pão abençoado.

Saindo dali, dirigiu-se à cidade grande e só encontrou disputas acirradas em torno de um naco de carne a mais, ou o brilho fugaz de um instante no pedestal.

Desiludido, compreendeu, finalmente, que todas as amarguras sofridas, o desespero e a dor de quem não tem sequer um momento de paz, nada mais eram do que exercícios para desenvolver, no mais íntimo do ser, a pequena chama de amor para com todas as criaturas.

Pela manhã, coberto de trapos, apoiado por um cajado, retornou ao caminho, cantarolando, baixinho, um hino ao Senhor. E foi aí que o seu ouvido interno pôde, enfim, sentir uma voz amiga: "Vem, irmão! Pisas, hoje, a soleira da casa do Pai!"

Qual Fortaleza

Chegará o dia em que te encontrarás sozinho em meio às turbulências do mundo, sofrendo o desprezo de alguns e a indiferença de muitos...

Prossegue, no entanto.

Tu és uma alma compromissada com o bem e, embora as tempestades da noite estremeçam os céus, sê fiel ao amor.

Somente ele, irmão, diante de todas as vicissitudes da vida, permanece qual fortaleza inabalável, amparando o coração daquele que confia.

Fica, assim, na paz do Senhor, e não atropeles o espírito pensando que os azares da vida possam abalar a pequena chama de tua fé.

Vai, pois, pelos campos e ravinas, louvando ao Senhor que vela por ti e sabe socorrer até as migalhas de necessidades de cada dia.

Nem por um momento sequer desanimes.

Foste criado para a Vida, sempre bela e grandiosa!

Não te apequenes, derramando lágrimas junto às pedras do caminho!

Perseverança

O viandante chegou aos pés da frondosa árvore e ali permaneceu em silêncio, sentado junto ao tronco.

Envolto pelas sombras da noite e, mais ainda, pelo espesso e pesado manto de tristeza que lhe ia pela alma, adormeceu, desejando, apenas, um sono reparador.

Sua alma, então liberta, pôde, enfim, contemplar, ao longo dos séculos, parte de suas experiências no campo da matéria...

Quantas e quantas vezes fôra, apenas, terra sáfara onde as sementes da fé e do amor a Deus não germinaram.

Viveu experiência como terra inculta à beira do caminho que recebeu as sementes sagradas, mas permitiu que os pés dos viajores as pisoteassem.

E conheceu, também, o que era a semente atirada aos pedregulhos.

Finalmente, em uma visão extremamente simples, viu transformar-se em boa terra, onde as sementes do amor e da compaixão para com todos os seus irmãos começaram a germinar e dar frutos a cento por um.

Acordando logo cedinho, pegou o seu cajado e, com o coração cheio de paz e alegria, ergueu um hino à vida e agradeceu ao Senhor pelo cumprimento da promessa feita pelo divino amigo: "Aquele que perseverar até o fim será salvo".

Ele Voltará

Caminhei, ao longo destes anos, em busca da razão perdida de tantos dissabores...

Por que, perguntava eu, tanta luta e tanto sofrimento para uma colheita tão modesta?

Apenas aqui e ali, um momento de paz, de encantamento, de razoável alegria. Os dias, porém, decorrem sempre e sempre em meio a agruras e desencantos.

Pela terra, cegos, coxos e estropiados infestam as ruas, cobrindo as cidades com o manto negro do infortúnio.

Ali adiante, jovens enfeitam a vida com o riso da juventude.

A vida, assim, corre pejada de contradições!

Mas, nem tudo está perdido. O viandante sagrado prometeu-nos que voltaria e que conosco permaneceria até o fim dos séculos.

Não, não nos desesperemos! A qualquer momento, quando menos esperarmos, Ele virá bater à nossa porta e nos perguntará: "Que tens para me oferecer?"

Relembrando Francisco

Tuas mãos abençoadas que não encontraram, entre os homens, a acolhida tão esperada.

Viandante de ermos caminhos e penosas lutas na exemplificação do amor que acrisolaste em teu peito!

Mas, foste forte e destemido. À cada investida do orgulho e da intolerância, respondias com um sorriso nos lábios e o perdão no mais íntimo de teu ser.

Comungando com a Divina Luz, foste, a um tempo, semeador e ceifeiro, nos campos sagrados do Senhor.

Tentando lavrar a terra inculta dos corações de teus irmãos, quantas e quantas vezes sofreste o opróbrio da massa, atrelada aos carros de ouro dos donos do mercado!

Entretanto jamais abandonaste a charrua. Até mesmo nos momentos mais expressivos da tarefa, sofreste o abandono dos próprios companheiros, compromissados, também, com a semeadura divina.

Quando, enfim, a noite do desencanto desceu sobre o teu espírito, foi numa pequena gruta de Gúbio que pudeste exercitar a caridade maior, repetindo, a cada lança atirada ao teu peito, a frase do amigo divino: "Perdoai-lhes, Pai, porque não sabem o que fazem".

Caminhos da Evolução

Talvez, hoje, te encontres em uma encruzilhada da vida e te perguntes o porquê de tanta insegurança e tantas incertezas.

Levanta os olhos para o céu e contempla, pela imensidão do espaço, a lenta e quase imperceptível maturação dos acontecimentos que envolvem o destino de milhões de irmãos nossos, bem como da erva do campo que, sem amargura, aceita o pisar do viandante.

E, se perguntasses o motivo de tanta submissão, ela te responderia: "Ontem, eu era apenas um seixo a rolar pelas encostas. Hoje, despertei para a vida. Milhões e milhões de anos me separam, ainda, desses pés que hoje me ferem.

Aqui e agora, apenas cumpro a tarefa de alegrar as campinas, sem pleitear recompensa. Além, muito além desta tarde cinzenta, serei flor do campo a balsamizar a brisa das manhãs e enternecer os corações sensíveis."

Nada mais diria e nem lhe perguntaríamos.

Amor Puro

Estava Jesus na casa de Simão, o leproso, sentado à mesa com os seus discípulos.

Em certo momento, entra na sala uma mulher e começa a despejar sobre a cabeça do Mestre o conteúdo de um vaso de alabastro – um ungüento precioso. E, depois, enxugou-lhe os pés com os seus cabelos.

Os discípulos recriminaram aquele desperdício, mas Jesus lhes disse que aquele ato era, simplesmente, a preparação para o seu enterramento.

— Esta mulher, disse-lhes Jesus, praticou uma boa ação para comigo.

Devemos tirar, da narrativa, a lição de humildade daquela mulher ao enxugar os pés do Mestre com os próprios cabelos.

Em verdade, Maria — era o seu nome — envolvia com as lágrimas do seu coração aqueles pés sagrados.

E Jesus profetizou que onde quer que o Evangelho fosse pregado, o gesto daquela mulher seria sempre lembrado.

Há um sentido oculto e despercebido naquele ato de quase adoração daquela mulher: ajoelhada ali aos pés daquele rabi, não poderia ela entrever que, pelos séculos afora, aquela demonstração de carinho seria sempre lembrada!

O amor, puro e verdadeiro, não busca recompensas.

A Trilha Estreita

Disse o apóstolo: "Dura é a causa de recalcitrar contra o aguilhão".

Milhões e milhões de irmãos nossos correm desesperadamente em busca de conquistas no campo material, esquecendo que somos seres eternos e que devemos batalhar por aquelas outras conquistas, as do espírito.

As moedas de César, infelizmente, ainda nos provocam paixões desenfreadas.

Acumular fortuna, ter poder, receber as homenagens das multidões desvairadas e desinformadas é o supremo anelo de quase todos, ferreteados pela ambição, egoísmo e uma visão mesquinha da vida.

A pouco e pouco, porém, o caminho começa a afunilar-se e os sonhos de grandeza e de fama vão-se apagando, lentamente, nos corações que trocaram as benesses da espiritualidade pelo sujo dinheiro da terra.

O aguilhão da Lei está sempre presente nessa luta, mas dura é a faina de recalcitrar contra ele.

Mas, nem tudo está perdido. O Pai nos dá o tempo sem tempo para que, de cajado à mão, possamos, enfim, apanhar a trilha estreita de sacrifícios, mas também de esperança.

Que os sinos do templo sagrado do teu coração possam, finalmente, despertá-lo para as claridades do Mundo Maior!

Larga Experiência

Tuas mãos calejadas refletem, hoje, os anos e anos de labuta incessante em torno de aquisições que apenas te trouxeram decepções e amarguras.

Mas tu és um apostador da vida e te divertes vendo os caravaneiros passarem com suas alimárias carregadas de quinquilharias que o povo tanto admira e deseja.

Agora, que atingiste o delta da vida, contemplas, pesaroso, os frutos dessas colheitas ao longo do caminho.

O que não podias perceber, irmão, é que pouco valor têm, para o espírito, celeiros abarrotados!

Ali, um pouco adiante, mora, numa gruta da montanha, um companheiro de velhas experiências ao longo da jornada.

E, se perguntasses àquele irmão o segredo de tanta paz e harmonia em seu coração, ele apenas lhe diria: "Eu nada sei, apenas sinto".

Em Busca do Tempo Perdido

Inopinadamente, chegava ao fim a sua experiência no campo da matéria, em triste episódio, levando, como passaporte, unicamente, as amargas recordações de um passado cheio de desmandos.

Enquanto viveu, não conheceu os limites da razão e da moral. Interessavam-lhe, apenas, os frutos de suas ações.

Por onde passava, deixava sempre um rastro de dor e violência, selando o destino de seus irmãos.

Agora, ali, sozinho, naquele caixão, exibindo uma carranca terrível, era velado por alguns descendentes, mais preocupados com o inventário dos bens deixados.

Entre lágrimas e ranger de dentes, abandonou o local para reviver, a cada momento, o pesadelo das recordações de suas violações às Leis do Senhor.

Atravessando o seu espírito sítios onde a dor e o ranger de dentes imperavam, chegou, afinal, diante de uma grande e lúgubre porta... E ali, para seu espanto, deparou-se com uma plaquinha: "Mudou-se".

— Para onde? Como? Por quê? — foram as perguntas que lhe vieram à mente, naquele momento.

É, caro irmão! Aqueles infelizes irmãos emigraram para terras distantes, onde irão aprender a fazer as suas ferramentas a partir de uma pedra lascada...

E, se te serve de algum consolo, lembra-te das palavras do Mestre Jesus: "Na casa do meu Pai, há muitas moradas".

O Retorno do Filho Pródigo

Pai! Por todo o tempo do mundo estavas aqui, à soleira da porta, esperando o retorno do filho pródigo que, um dia, recebeu o seu dote e partiu para experiências no campo da matéria.

Deixando o lar, perverteu-se pelos caminhos da terra, enfrentando os mais duros combates, em episódios que encheram as crônicas dos séculos.

E foi, a um tempo, cavaleiro e ginete, percorrendo as trilhas que levavam à posse do ouro que ofusca os sentidos...

Pensando dirigir o espetáculo, foi, muitas vezes, apenas, carne apodrecida, servida nos festins diabólicos da ignorância e da maldade.

Ao longo da jornada, tendo desprezado os dons da razão e do sentimento, pôde, enfim, sentir na pele a verdade dura de suas loucuras e intemperanças!

E ali, a um canto, em seu coração, o remorso despertou:

— Na casa do meu pai, até os cordeirinhos, à tarde, são levados ao aprisco, para o repouso e refazimento.

E, com uma pequena vela na mão, balbuciou:

— Pai! Voltei!

Água Viva

A noite desceu sobre a cabana com o seu manto escuro. À porta do abrigo, meditava o viajor que o destino levara àquele sítio.

Entregue às suas elucubrações, ali permaneceu por longas horas.

Em dado instante, viu-se transportado às paragens da longínqua Samaria.

Naquele lusco-fusco de sua imaginação, aproximou-se da fonte de Jacob, no sítio onde a jovem samaritana dessedentara o viandante sagrado, em sua excursão por aquelas terras inóspitas.

Pareceu-lhe, então, ouvir a petição do querido Rabi:

— Mulher! Dá-me de beber.

E ela:

— Senhor! Eu sou uma samaritana!

E Jesus lhe respondeu dizendo:

— Se tu conhecesses o dom de Deus, e quem é que te diz dá-me de beber, tu Lhe pedirias, e Ele te daria água viva.

E assim, o viajor compreendeu que aquele que, realmente, bebeu daquela água viva, mesmo vivendo entre tormentos e dores, o seu espírito permanece em paz e harmonia e, por vezes, sente-se transportado àquele momento de graça e de magia.

O Santuário

Transformar o coração em um santuário onde o Senhor venha a habitar para sempre!

É, verdadeiramente, tarefa difícil, considerando-se os atropelos e desafios com os quais nos defrontamos a cada minuto.

Mas, é preciso lembrar que, se o Senhor está, realmente, presente em nossos corações, seremos capazes de transformar em flores todas as pedras encontradas pelo caminho.

Tantas e tantas vezes sofremos desafios. É aquele irmão que, na fila, nos passa para trás. O mercador que se aproveita da nossa invigilância. É o parente difícil que nos experimenta a paciência e a compreensão. É aquele sem número de vezes que, nas ruas, nos transportes, nas repartições, alguém nos faz de tolo ou ignorante.

Nesses momentos, irmãos, lembremo-nos do Senhor Jesus que, em meio ao maior sofrimento, apenas disse: "Senhor! Perdoai-lhes porque não sabem o que fazem!"

A resposta a todas essas dúvidas — disse o solitário homem da montanha — está ali bem pertinho do teu coração e se chama compaixão para com todos os teus irmãos ainda perdidos nas trevas da ignorância e do desamor.

À Espera do Pastor

Revirando o baú de recordações, ao longo desses oitenta anos, posso reavaliar todos os momentos de turbulência pelos quais passei.

Quanta luta, quanta decepção no campo da matéria, visando à aquisição de bens que permanecessem comigo.

Os caminhos largos do mundo sempre foram uma tentação e um tormento para o espírito.

Ah! Senhor! Foram tantas as trilhas percorridas, tantos e tantos atalhos enganosos que me fustigaram o espírito para, finalmente, compreender o suave mistério contido na lição da porta estreita — a que deste tanta ênfase — com suas lutas, renúncias, sacrifícios, mas, também, esperança.

E agora, Senhor, aproximando-me já do fim da jornada, agradeço as derrotas e decepções sofridas e peço, unicamente, que a tua infinita misericórdia transforme este homem rude e barulhento em apenas um cordeirinho esperando, pacientemente, que o Pastor venha abrir a porta do aprisco para o merecido descanso.

O Sonho Não Acabou

Foi o povo judeu o escolhido para trazer à humanidade a mensagem do Deus único.

Coube a Moisés, o legislador, ser o primeiro portador daquela mensagem, recebida no monte Sinai: as tábuas da Lei.

E foi mais além. Como sabemos, os judeus daquela época eram um povo rude e ignorante. O caso do bezerro de ouro, que passaram a venerar, é um bom exemplo. E Moisés, como severo legislador, impôs, com mão poderosa, seu código. E, com Talião, chegamos ao "olho por olho, dente por dente".

Veio o Cristo com a Segunda Revelação e procurou separar o que era, realmente, de Deus e o que era dos homens. E Jesus nos trouxe: "Perdoai aos que te fazem mal e orai pelos teus inimigos".

Sobre ele, escreveu o apóstolo: "Ele é a pedra que foi rejeitada por vós, os edificadores, a qual foi posta por cabeça de esquina".

Agora, diante do surgimento, na Terra, do Consolador, prometido por Jesus, os que têm a responsabilidade pela implantação do Reino de Sabedoria e Amor, outra vez, rejeitam a pedra principal.

Jesus disse: "Muitas coisas vos tenho para dizer, mas vós ainda não estais preparados para entender".

Quais são essas coisas que o Consolador, ou seja, a Terceira Revelação, e que se denomina Espiritismo, deve-nos esclarecer?

Revela-nos ela, principalmente, a Lei da Reencarnação, com suas conseqüências, atingindo-nos a cada dia. O problema da Justiça de Deus e como funciona. A gênese do Universo e a realidade do mundo espiritual, aqui presente, palpável a cada momento e que logo mais a ciência irá constatar.

Manto de Trevas

Naquela noite de quarta-feira, um manto de trevas cobria toda a humanidade. O único homem, verdadeiramente inocente, era levado à prisão e, depois, sentenciado como um reles criminoso.

Levantou-se ele da cruz para as claridades espirituais, enquanto os seus algozes, até hoje, guardam, na alma, os sinais da iniquidade praticada.

E nós? Que fazemos de nossas vidas? Será que só aprendemos a revidar golpes, a mandar para as profundezas do Inferno todos aqueles que contrariam os nossos sonhos de grandeza?

Por qualquer quinquilharia, levamos ao tribunal nosso irmão. Pelo mínimo sinal de desprezo ou desconsideração, magoamo-nos e, no caderno de queixas e anotações, colocamos o nome daquele que nos feriu.

Perdoar? "Ora, ora — dirá você. Vai ver se eu estou ali na esquina!"

Bem sei, irmão, que lá não estás, mas sei também que o mundo dá tantas voltas! E sei, também, que aquele irmão a quem, hoje, entregamos, contrafeitos, uma pequena moeda, poderá, amanhã, diante do Tribunal Divino, ser o único advogado a nos defender do rosário de iniquidades, desamor e intemperança que é a nossa única bagagem.

É de bom alvitre reconciliar-te depressa com o teu adversário, conforme recomendava o Divino Mestre. Não sabes se, hoje mesmo, o Senhor te convocará para a prestação de contas!

E aí, irmão, o Anjo do Senhor não fará indagações sobre o teu patrimônio, cultura e posição social. Ele apenas perguntará: "Quantas vezes estendeste a mão a um irmão caído pelo caminho?"

Apelo

Pela orla da praia, caminhava Jesus, naquela tarde, sempre acompanhado por seus fiéis discípulos.

A maior parte dos que encontrava apenas desejava ver milagres e que todas as suas amarguras fossem dissipadas... O divino Amigo, porém, não veio à terra para empolgar as multidões com os milagres que fazia. A sua missão estendia-se para além dos fenômenos que assombravam aqueles que caminhavam pela vida sem esperança e sem conforto.

As curas feitas pelo Mestre eram, o aspecto exterior de seu apelo às consciências que dormitavam nas trevas.

A todos procurou servir. A todos transmitiu a Esperança, mas uns poucos puderam penetrar na essência do ensinamento.

Aqueles poucos eleitos, tomados de repentino impulso divino, saíram a semear as lições recolhidas, vivendo, cada um deles, experiências mil no campo da fé, agasalhados pelo constante amparo do querido Amigo.

E muitos deles, com denodo e devotamento à tarefa, enfrentaram as mais duras provas e, na hora suprema, como o Mestre exemplificara, apenas balbuciaram: "Senhor! Em tuas mãos entrego o meu espírito".

Inesperada Visita

Esta manhã, Senhor, vieste até a minha cabana. Eu, ali, não me encontrava mais.

Por incertas trilhas do mundo, tenho andado, visitando estranhos sítios que tanto empolgam as multidões desvairadas.

Aqui, achei alguns sobreviventes de batalhas perdidas, sentindo prazer ao lembrar velhas feridas de longas jornadas.

Ali adiante, velhos trôpegos alimentando o sonho de jogar ao monturo as suas malcheirosas muletas.

Mais adiante, encontrei mariposas que as noites de prazeres trouxeram para um novo dia sem esperança e sem amor.

Depois, encontrei pela praça os mais variados tipos de irmãos: uns apertando no peito as moedas adquiridas na exploração de seus próprios irmãos; outros, apregoando as suas mercadorias, ávidos de lucro.

Encontrei, também, velhas raposas dos covis de políticos do mundo.

E, finalmente, estive na presença dos que se dizem teus seguidores, correndo, todos eles, atrás das moedas de César.

Por que será, Mestre, que eles, todos eles, ainda não acordaram para a maravilhosa advertência que fizeste a Marta?

Visão do Futuro

"Hosana ao Filho de Davi; bendito o que vem em nome do Senhor", cantarolava a multidão à passagem de Jesus, montado num jumentinho, naquele festivo domingo, pelas ruas de Jerusalém, cobertas de ramos de árvores.

Daquela semana, resta-nos, apenas, a lembrança do Calvário e a morte infamante do querido Mestre. As lições de amor e sabedoria, por ele deixadas, foram relegadas à poeira das bibliotecas, servindo, na praça, tão somente, aos que correm atrás das moedas e aos que buscam impressionar as multidões com o fausto das vestimentas e as cerimônias suntuosas.

Ali adiante, homens de saber e os que detêm a riqueza, fingem nada ver, enquanto milhões e milhões amargam noites indormidas nas contrações de estômagos desesperados.

Os novos tempos, porém, ameaçam com tempestades e hecatombes esta humanidade enferma e alienada.

Os nossos sonhos de grandeza e riqueza, em um minuto, virarão pó e tormento.

Os poucos filhos da Vida que se salvarem assistirão à chegada de uma nova criancinha, que reavivará, nos corações, a mensagem da Esperança.

E, pelos caminhos por onde seus pés passarem, até as flores do campo se alegrarão, transmitindo aos corações sensíveis a doce sensação de novamente ouvirem: "Hosana ao Filho de Davi; bendito o que vem em nome do Senhor".

Pregando aos Pássaros

"Quando os teus olhos não verterem mais lágrimas, quando a tua língua perder a capacidade de ferir, quando os teus ouvidos se tornarem insensíveis e quando, finalmente, tiveres lavado os pés com o sangue do teu coração, poderás adentrar este Templo." (Inscrição que se encontra, segundo a Teosofia, na entrada do Templo da Sabedoria.)

O que, realmente, significa "lavar os pés com o sangue do teu coração"? No meu entender, o sangue a que se refere a inscrição, nada mais é do que o puro Amor de Deus a iluminar o corpo do discípulo. A partir daí, os seus pés levarão até às pedras do caminho, as vibrações desse amor, duramente conquistado.

Diante de tanto farisaísmo, quando milhões e milhões correm, desesperadamente, atrás das moedas fáceis; quando milhões acercam-se dos nichos do Poder para cevarem as suas ambições, e milhões vendem a própria alma, resta, apenas, àquele que optou pela sabedoria a presença amorosa de seu exemplo pelos caminhos da Terra, como fez o homem de Assis que, cansado ao ver tanta indiferença por parte dos homens, foi à floresta pregar aos pássaros e, sentado à beira do rio, enlevado, monologava as belas lições do querido Mestre, enquanto os peixinhos vinham beijar-lhe os pés.

Visão do Reino

No bolso, nem um níquel para aplacar a fome, com o milagre do pão.

O mundo e suas eternas contradições!

Os que açambarcaram as riquezas da Terra, delas se tornaram prisioneiros. Os que dominam línguas e enchem suas estantes com dezenas e dezenas de metros de livros, sequer indagam a razão da própria vida. Os que detêm o poder e comandam os exércitos são, eles próprios, derrotados pela violência de suas armas.

Os humildes, que não sentaram à mesa para a refeição farta nem subiram os degraus do saber, são, apenas, meros espectadores do cortejo dos poderosos, na celebração da vitória do mal sobre a dignidade humana!

Aquele viajor, esfarrapado e desnutrido, naquela noite, sentiu-se enlevado e, num misto de fé e esperança, pareceu-lhe ouvir o Divino Mestre a exortar Dimas: "Ainda hoje mesmo estarás comigo no reino do paraíso."

A Trilha

O homem, como o verme, rasteja pela terra, contentando-se com o charco, ao invés de contemplar as estrelas que no céu dormitam, aparentemente indiferentes diante da ignorância que campeia pela Terra.

E é por isso que a própria vida lamenta o *homo sapiens*, que se escraviza ao naco de pão que lhe sacia o estômago e despreza a sabedoria trazida, à noite, pelas estrelas, e que apenas deseja libertá-lo do jugo da matéria, para que possa contemplar, pelo infinito afora, a grandeza de sua própria destinação.

E, porque não desperta, nem pode, sequer, medir a extensão de sua pequenez, recolhe calhaus que encontra pelo caminho, como se fossem preciosos diamantes incrustados na coroa da vida.

Caminheiro, caminheiro! Guarda o teu coração longe dos charcos que infestam a Terra e busca a trilha estreita do dever cumprido, para que, num dia não muito distante, possas colher algumas das flores que vicejam nos sulcos deixados pelos pés do viandante sagrado.

O Regresso

Quantas e quantas vezes se abriu aquela porta de ouro do templo de Jerusalém para dar passagem ao jovem doutor da lei, por todos estimado!

Quatorze anos eram passados e ali estava ele, novamente, agora coberto de andrajos, mas com a alma no mais doce enlevo, percebendo a presença do querido Mestre.

Percorrera intermináveis caminhos da Ásia, conhecera outras regiões e povos de culturas diferentes, levando a todos a sublime mensagem do perdão.

Ali, na praça, solitário, sem ninguém a reconhecê-lo, permaneceu quedo, observando a passagem festiva dos fiéis levando ao templo as suas ofertas.

Absorto, ficou por longo tempo. O seu coração, agora planando por regiões sublimes da espiritualidade, não se impressionava mais com o culto exterior daquela legião de irmãos apenas interessados em recompensas materiais.

A passos lentos, foi-se afastando do local, revivendo sua alma, inundada de luz, aquele momento supremo de sua vida: "Saulo, Saulo! Por que me persegues?"

Como Jó

Ali estava, à beira do caminho, esperando que o céu se abrisse e as estrelas, majestosas e brilhantes, viessem trazer à pequena palhoça desse solitário homem da montanha a boa nova de que todos os seus males, as noites indormidas e os dias de incertezas haviam passado. Finalmente, o Anjo do Senhor, compadecido, voltara a sua face para mim! Como Jó, que na maior pobreza louvava ao Senhor, aqui estou, neste momento, para agradecer-te o tempo sem tempo que levaste para despertar o entendimento deste viajor trôpego da vida. Aproximando-me, agora, da suave trilha da redenção, o meu coração pode, apenas, balbuciar: "Ah, Senhor! Tu estavas aqui tão perto!"

A Coroa da Vida

Não te entregues à contemplação dos monturos que enfeiam o mundo. Palmilha, sereno e em paz, os caminhos tortuosos da vida.

Olha para o céu. Por vezes, enche-se ele de nuvens escuras, trazendo tristeza e solidão. Vezes sem conta, chegam arrojando raios e trovões ameaçadores, tentando abalar a própria vida. Pouco depois, porém, acalmando-se, devolve-nos um sol brilhante e radioso, num chamamento à vida, num doce convite à prece saída do coração. Teus pés, hoje desnudos, feridos pelas pedras do caminho, alcançarão, ali mais à frente, a suave trilha cheia de verdes folhagens e flores perfumadas do campo. Sê fiel ao Amor. Só ele cruza a fronteira do tempo e se projeta pela eternidade.

Ali mais adiante, irmão, o Anjo do Senhor apenas aguarda o momento para encimar-te a cabeça com a coroa da vida.

A Senda

Não te detenhas à beira do caminho, esperando que alguma estrela desça à terra para apontar-te a trilha que te levará à mansão da Sabedoria. Olha à tua volta e podes constatar que, por milhares de anos, a ignorância espalhou pelos caminhos as sementes de todas as paixões que agrilhoam o coração do homem, tornando-o prisioneiro de suas falsas concepções.

Não te deixes fascinar pelas gloríolas que enfeitam os pedestais da Terra, fazendo-te pensar que os aplausos do farisaísmo possam levar-te aos altiplanos do saber. A liberdade, irmão, muitas vezes é conquistada pela renúncia. Quando, mesmo com os pés ulcerados, puderes descer aos tugúrios do mundo e ali, esquecendo méritos e fortuna, fores capaz de iluminar mentes em trevas e, com o coração cheio de paz e alegria, puderes, também, tirar do desespero aquele estômago que apenas pede um pão, aí, caro amigo, estarás dando os primeiros passos na senda de tua própria libertação.

Alegre Trinar

Devagarinho, penetrei certa manhã num templo erguido em nome do Senhor Jesus. Nenhum devoto ali se encontrava. Apenas paredes vazias e os fantasmas costumeiros ainda não despertos. Corri à praça e lá, só gritaria. Procurei, então, alguns homens de saber. Eles estavam por demais envolvidos com a elaboração de teses sobre mercancia, contradições das leis, regulamentos, etc. Dali, fui às mansões, às casas dos pobres, às enxergas. Todos, absolutamente todos, apenas digeriam as suas frustrações. Ninguém a falar de doação, de sacrifício, de feridas pensadas, de amor. Desiludido, afastei-me, embrenhando-me, rapidamente, pela floresta. Seguindo uma trilha, encontrei um casal de passarinhos que, em seu alegre trinar, erguia um hino à vida. Uma suave paz envolvia o ambiente... "Amigo! A vida flui, prazerosa, dentro do peito daquele que tem o coração voltado para ela, e não para as pedras do caminho!" Foi o que me segredaram, naquela manhã, aqueles olhinhos brilhantes.

Apenas Quatro Letras

Vestido com roupa simples, atravessou a praça, suportando, a duras penas, a algaravia dos mercadores, na disputa de fregueses. Foi aos quartéis onde jovens, supostamente livres, eram treinados na arte de matar. Esteve nas ricas mansões, ali encontrando conspícuos cidadãos entregues à contagem de moedas e cálculos de juros. Foi aos tribunais, defensores de privilégios e mesadas. Foi até aos homens do poder, por demais azafamados com a distribuição de milionárias cestas básicas aos seus apaniguados. Nas casas legislativas deparou-se com uma multidão de barganhadores, no jogo sujo de cartas marcadas.

Cansado, procurou os templos a regurgitar de fiéis de petições impossíveis e corações vazios. Finalmente, bateu à porta de favelados. Ali, apenas encontrou contrações de estômagos vazios. Desencantado e triste, apanhou o caminho e trilhas que o levariam ao fim do mundo. Chegando ao último portal, sentou-se sobre uma pedra para descansar. Fincou o cajado na terra, pendeu a cabeça para a direita e exalou o último suspiro. Deixou, porém, um pequeno estandarte na ponta do cajado com a mensagem: "Ah, Senhor! O AMOR ainda não despertou o coração do homem!"

Pés Sagrados

Em um cemitério na Inglaterra, encontra-se uma lápide com a singela inscrição: "Nem toda a escuridão do Universo pode apagar a pequena chama de uma vela!" Vemos, hoje, por todos os cantos, fariseus e mercadores emporcalhando a vida com a maldade que viceja, ainda, em seus corações. E os políticos? Bem, os políticos, nesse imenso cenário, têm lugar de destaque. São eles que estabelecem as regras, criam as leis, os privilégios e, também, a impunidade. Pessoas com Gandhi, Albert Schweitzer, Madre Thereza de Calcutá, o nosso Chico Xavier são exemplos claros daquele apelo que, a cada minuto de nossa vidas, nos convoca para a sagrada tarefa de livrar a humanidade do obscurantismo que a ignorância e a maldade cevam, há milênios, no coração do homem! Felizmente, ainda há uma esperança. Nem todas as paixões humanas têm força para apagar aquelas marcas deixadas pelos pés do viandante sagrado nos caminhos da Galiléia: "Filhinhos, amai-vos uns aos outros!"

Caridade Pura

O sol declinava ao entardecer e uma visão de penúria envolvia todo o vale, coberto apenas por seixos, duras escarpas e uns poucos arbustos, quebrando a monotonia da paisagem.

Caminhando a passos lentos, o viajor se aproximou, cabisbaixo, chapéu na mão, cumprimentando o senhor da cabana...

— Boa tarde, moço! Será que o senhor não tem aí um pouco de feno para o meu burrico que há dois dias nada come?

— Ali atrás na cabana, disse, tem o suficiente. Leve-o até lá. A água está naquele pote.

Passado um certo tempo, voltou aquele homem a solicitar nova ajuda:

— Será que o senhor não dispõe de um pouco de pão velho para matar-me, também, a fome?

Deu-lhe o pão, como lhe tinha dado o feno... O que será que ele, agora, me vai pedir?

— Eu queria, se possível, uma xícara de chá...

— Oh, caro amigo! Você não acha que já está abusando?

— Não, moço! Quando saí, hoje cedo, disfarçado, do meu palácio, jurei que, se encontrasse um irmão que me satisfizesse, sem recriminações, três pedidos, eu lhe entregaria esta bolsa com moedas de ouro!

A passo lento, como numa visão celestial, aquele irmão foi-se afastando pelo caminho, agora já envolto nas sombras da noite.

Um Raio de Luz

Caminhava Jesus pela orla da praia, distribuindo a mancheias pérolas de amor e sabedoria.

Em certo momento, o seu olhar estendeu-se para além das fronteiras dos séculos, numa avaliação dos frutos de seus divinos ensinamentos.

Diante do terceiro milênio que se aproxima, seu espírito assustou-se com o grau de penúria espiritual a que foi jogada a grande maioria de seus irmãos.

À porta do santuário, estacou. Não mais os mercadores de pombas e cordeirinhos para serem levados ao altar das oferendas. Não mais a algaravia da multidão à passagem do séquito de sacerdotes, paramentados para as cerimônias do culto exterior.

Viu, apenas, o Mestre, alguns mendigos sentados à porta do templo, na petição do pão que sustenta a vida.

Enquanto isso, escribas e fariseus lotam o lugar sagrado pregando, em nome do dízimo, o caminho do sucesso, da fortuna fácil e de todas as benesses que a moeda de César pode comprar.

A um canto, penando com a solidão da tristeza que lhe ia pela alma, o pobre viajor lamentava o tempo perdido em busca de valores que não acrescentaram um milímetro, sequer, à sua estatura!

Aproximando-se dele, o Mestre segredou-lhe ao ouvido interno: "Vai, filho! Finalmente entendeste que apenas uma coisa é necessária".

Acalentando Sonhos

Ali, envolvido pela tristeza que lhe ia na alma, contemplava, indiferente, aquelas miríades de estrelas que vigiavam a noite, em sua eterna luta contra as investidas da escuridão.

Naquele momento, abriu-se-lhe o entendimento: a luta está sempre presente onde há vida.

E é por isso que, ao longo da história, somente aqueles que souberam combater o bom combate, guardaram a sua fé e, como timoneiros intrépidos, conservaram sempre o barco no rumo certo, mereceram o título de vencedores.

Não fiques, pois, lamentando os dias escuros ou as lágrimas vertidas, ao longo da jornada!

Um pouco adiante no tempo e no espaço, aquela mão vigorosa que salva os náufragos até mesmo no instante supremo, te acalentará os sonhos, livrando-te do remorso de não teres lutado.

Crê! Mais triste que perder uma batalha é perceber que não fomos suficientemente destemidos ao enfrentar as agruras do caminho, por vezes tão difíceis, mas que, sempre e sempre, nos trazem a certeza de encontrar junto aos espinheiros, algumas flores de suave perfume.

Sabor de Verdade

Caminhava pela orla da floresta, quando, inesperadamente, saltou à minha frente um sagüi muito esperto que me foi logo interrogando:

— Que fazes por aqui, representante da estirpe de rica plumagem?

Muito assustado, diante do fantástico episódio, procurei acalmar-me e lhe retruquei:

— Eu? Plumagem?... ora, ora!

— Pois é! — disse-me o inesperado interlocutor, sempre pulando e fazendo trejeitos.

— Pois é o quê? — interroguei.

— Ora, ora! Não te faças de desentendido. Não são os teus irmãos que carregam as plumas da vaidade, do orgulho e do egoísmo? Não são eles, acaso, os únicos animais que atacam os próprios irmãos? E que criaram as guerras de extermínio, matando e saqueando tudo o que encontram pela frente? Que não sabem repartir o pão entre os seus irmãos e que, ainda por cima, se dizem os reis da Criação? Não digas a ninguém, pobre viajor, que és filho de homem. Desfaze-te dessas tolas ilusões, atira fora essa plumagem que é o teu ornamento e o teu castigo, e, passo a passo, busca a sabedoria dos lírios-do-campo que "não trabalham nem fiam e, no entanto, nem Salomão, em toda a sua glória, se vestiu como qualquer deles".

Primeiro Passo

Não penses encontrar na praça do mercado, como se fosse uma quinquilharia, as lições que te levarão a um estágio superior da espiritualidade.

Não é, tampouco, nas bibliotecas de milhares e milhares de livros que sobrecarregam a mente de instrução e de pouca sabedoria.

Não as encontrarás nos templos que tantos corações sem a verdadeira fé abrigam.

Não as encontrarás em romarias, nas demonstrações do culto exterior, nem nos corredores das academias!

Quando os teus olhos se abrirem para as claridades espirituais e, num momento de paz e harmonia, puderes estender um pão a uma criança faminta, envolvendo-a com um olhar de profunda compaixão, o doce sentimento de teu coração há de apenas balbuciar: "Senhor! Ele é meu irmão!"

Neste exato momento, amigo, estarás dando o primeiro passo na senda da Sabedoria e começarás a compreender o suave mistério contido na recomendação: "Buscai primeiro o Reino de Deus e a Sua Justiça..."

A Bondade

A água, deslizando suavemente entre os seixos da corredeira, descantava salmos de alegria e gratidão.

Ali, embevecido, fiquei, agasalhando no mais íntimo do ser cada som, cada gesto de delicadeza daquelas pedras que se entregavam, prazerosas, ao afago das pequenas ondas.

Aquele episódio nada mais era do que um gesto simples da água, na doação às arestas das pedras, para lhes ensinar a não ferir os pés dos viandantes.

As pedras, também elas, são instrumentos da bondade de Deus, pois nos resgatam de erros e violações da Lei, que apenas nos recomenda amor e doação em qualquer momento de nossas vidas.

Se queres, pois, viver em harmonia com todos, "sê como a água que a tudo beneficia, sem competir com nada".

E, se quiseres ir um pouco além, acolhe as pedras postas em teu caminho por irmãos invigilantes como se fossem pétalas de rosas atiradas aos teus pés.

O Reino

A noite desceu sobre o pequeno povoado, envolvendo a alma de todos com o manto escuro da tristeza.

Naquela noite, porém, surgiu um pequeno clarão: ali, não muito distante, nascia numa manjedoura, aquele que seria reconhecido por todos como o mais sábio dos homens, levando a todos os corações a chama da fé, curando enfermos, dando visão aos cegos, levantando os paralíticos.

Muito mais, contudo, esperavam daquele rebento os seus irmãos.

Uns acreditavam que Ele convocaria os anjos do céu para destruir o jugo dos poderosos da terra.

Outros acreditavam que teria vindo para implantar, imediatamente, o Reino de Deus.

Que os pobres não precisassem mais mourejar, de sol a sol, o pão de cada dia.

Que todos fossem iluminados e que a miséria fosse banida da face da terra!

Quantas perspectivas, sonhos e ilusões, guardadas por séculos e séculos, caíram por terra quando o Sábio, fechando o seu ensinamento, apenas disse: "O meu Reino não é deste mundo".

Maus Presságios

Quando a noite, com os seus presságios, vier cobrir a tua alma com o manto negro da tristeza e do desencanto, recolhe-te ao mais íntimo do ser e revive os dias de tua infância, tão distante, mas que, como suave perfume, vem sempre inebriar os dias de solidão e abandono.

Pelos caminhos da Terra, irmão, quantos de nós chegam à estação derradeira, trazendo, no recôndito da alma, apenas experiências amargas no campo do sentimento!

Tu és uma alma criada para a grandeza da vida e, se aqui e ali, nuvens de tristeza te invadem o coração, lembra-te do Senhor Jesus que, abandonado por todos, até mesmo por seus mais fiéis amigos, levantou-se da cruz da ignomínia para a glória da presença de Deus.

Não te entregues, pois, ao desânimo e foge da clausura da solidão. Ela é o sepulcro da alma e tu, flor pequenina mas rutilante, como tantas outras criadas pelo Senhor do Universo para enfeitar o firmamento, povoado de miríades de estrelas.

Seguindo o Coração

Não te detenhas querendo transferir às pedras do caminho a responsabilidade pelas feridas dos teus pés.

Elas, por milhares de anos, cumprem a tarefa para a qual foram criadas. E se, hoje, te ferem os pés, – nem mesmo elas sabem o porquê –, apenas executam uma função retificadora, como a dizer-te que, com Sabedoria e Amor, deves escolher a trilha a ser seguida. Se bem analisarmos, verificaremos que muitos tropeços e muitas feridas teríamos evitado se tivéssemos seguido os passos que o coração indicava, e não os conselhos de um estômago em pânico ou uma razão subjugada pelo instinto.

Vai, irmão, pelos caminhos da Terra, semeando a bondade e o amor que já agasalhas em teu peito, e não te percas pelas veredas da revolta, da crítica e da ignorância que as trevas há milênios procuram levar às consciências invigilantes.

Apenas Seixos

Sentado debaixo do pessegueiro, observava o passar de viajores apressados, correndo todos em busca de seus sonhos de grandeza.

Quantas e quantas fantasias não alimentavam eles! Uns, empolgados, disputavam o comando de facções; outros brigavam por quinquilharias do mercado; outros, ainda, lutavam desesperadamente pelos aplausos da multidão ignara, assoalho de paixões de irmãos invigilantes, obcecados pela fama de um dia. Alguns, mesmo diante do espetáculo grandioso da vida, apenas contentavam-se em ver passar as carruagens dos supostos vencedores do mundo.

Absorto, aspirando o perfume das flores de pessegueiro, não percebi a aproximação de um garoto maltrapilho...

— Senhor, tenho fome!

Saindo daquele encantamento, lembrei-me de que nada satisfaz ao homem neste mundo.

E, ao entregar um pão àquele menino, vi-me transportado a uma dimensão da vida onde o amor é pura realidade e a matéria, apenas seixos a ferir os pés dos viandantes.

O Hóspede

À porta da cabana, envolta pelas sombras da noite, ali estava aquele viajor que, da vida, só recolhera decepções. Às vezes, chegava quase a revoltar-se por ver tanta injustiça, tanta maldade. Todas essas decepções deixaram marcas profundas em seu mundo interior.

Absorto, relembrando com mórbido prazer todo esse passado de tristeza, não viu aproximar-se uma figurinha suja, maltrapilha, rosto meio inclinado, na petição facilmente presumível:

— Senhor, será que posso, esta noite, dormir na sua cabana?

Despertado, como se tivesse levado uma pancada na cabeça, apenas respondeu:

— Sim, sim! Pode entrar.

A partir daquele momento, com a preocupação de atender ao pequeno cavaleiro da noite, viu desaparecerem, como fumaça, as suas tristes lembranças.

Ao amanhecer, preparou um pouco de chá e arranjou um pão para atender ao seu nobre visitante. E, aí, aconteceu a surpresa maior: o pequeno hóspede havia desaparecido, mas, perto do montículo de feno que lhe servira de leito, deixou uma tabuinha com a singela inscrição: "Aprendei de mim que sou manso e humilde de coração".

Mestras Generosas

Houve tempo em que as estrelas do céu desciam à terra para orientar os caminheiros perdidos na noite das paixões inferiores.

Hoje, nem mesmo as almas supostamente eleitas, recebem aquela graça do Senhor do Universo. Percorrem, entre tristezas e solidão, os caminhos da insegurança e do desespero e não têm, sequer, tempo para interrogá-lo sobre o porquê de tanto infortúnio. Deixam-se levar pelas ondas de dúvida que invadem todos os corações!

Mas, ali adiante, dormitam, há séculos, aquelas mesmas pedras que, um dia, recolheram as vibrações dos pés do viandante sagrado, e que, hoje ainda, são uma fonte de inspiração.

Sem elas, as pedras, ficaríamos à mercê de todos os vícios que se encastelaram em nossos corações.

Por isso, devemos agradecer ao Senhor as pedras encontradas ao longo da estrada. São elas mestras generosas, ensinando-nos, a cada dia, uma nova lição. E, na medida em que pudermos compreender e aceitar essa função retificadora das pedras que nos ferem os pés, elas se transformarão em flores, amenizando a nossa caminhada.

Ele Voltou

Ao abrir a porta da cabana, o solitário homem da montanha deparou com aquele garoto a quem dera pousada dias atrás...
— Se o senhor não se importa, vim buscar aquela tabuinha que deixei aqui, outro dia...
— Ah, sim — disse. — Vou buscá-la.
E cheio de curiosidade, indagou:
— O que tem ela, assim, de tão especial?
— É uma história comprida. Estava recostado num tronco de árvore, esperando o sono, depois de um dia de mendicância pela aldeia. Tantas e tantas vezes ouvi o "não" das pessoas, que quase cheguei à revolta. Ali, encostado, sem esperança e sem amigos, vi-me transportado a um bonito bosque e, caminhando em minha direção, uma suave visão de mulher. Ao aproximar-se, disse-me: "Filho, há muito tempo atrás, numa tarde cinzenta de desespero e dor, aproximou-se de mim o Rabi da Galiléia. Aquela figura angelical trazia no olhar o brilho das estrelas, mesclado por toda a dor do mundo.
— Filha — disse-me ele —, aprendei de mim que sou manso e humilde de coração. Devagarinho, foi-se afastando, deixando-

me envolta em um manto de paz e harmonia". E, por isso, mandei gravar nesta tabuinha aquele conselho. Guardei-a por toda a minha vida, como um bem precioso. Deixo, hoje, em tuas mãos, esta relíquia. Quando as trevas te envolverem todo o ser, aperta-a contra o peito e, mentalmente, repete a singela inscrição.

Foi o que disse o pequeno visitante.

Entregando-lhe a tabuinha, foi ele se afastando. Um pouco adiante, uma figura diáfana de mulher estendia-lhe a mão, deixando no ar um raro e inebriante perfume.

A Lágrima

O Senhor Deus enfeitou a vida com o fulgor das estrelas que povoam o firmamento.

Criou os pássaros que alegram as manhãs.

Semeou, pela terra, as montanhas grandiosas que assustam os olhos das criaturas.

Desceu aos rios, onde os peixinhos, alegremente, correm por suas corredeiras em busca de suas nascentes para o milagre da reprodução.

Semeou os vales profundos com as flores perfumadas dos campos.

Plantou pelos caminhos do mundo as árvores frondosas que acolhem os viajores.

E Sua mão espalhou, também, por todos os campos da Terra, as sementes de trigo e de todas as plantas que socorrem a mesa dos seus filhos.

No entanto, para mim, a mais bela criação do Senhor é a pequenina lágrima que enche de luz e alegria os olhos de uma criança e aliviou a angústia do homem de Nazaré, naquela noite de trevas e solidão no Jardim das Oliveiras.

Mistérios da Vida

Por infindáveis dias e anos, busquei o caminho da Verdade. Mas ela, sorrateira, escondia-se atrás de sete véus.

Muitas vezes, sonhei com a sua aparição esplendorosa, cobrindo-me a mente e o coração com o suave afago da bem-aventurança.

Outras vezes, cansado, à beira do caminho, via passarem viajores aparentemente carregando no peito o facho da esperança e do bem-estar.

À tarde, contemplando o anilado céu, parecia aproximar-me do instante sublime da revelação. Tudo em vão.

Por noites e noites adormeci tendo como companheiro fiel de todos os instantes, apenas, a sensação de solidão e desamparo.

Quando à volta, finalmente, tudo se enchia de trevas e amargor, comecei a sentir, trazido pela brisa da manhã, o perfume das flores do campo que desejam, apenas, balsamizar o ar e alegrar os corações solitários, até mesmo aqueles ainda não preparados para entender os mistérios da vida.

Boa Porção

Dá, dá de coração, boa porção, bem pesada, bem medida, louvando ao Senhor que te achou digno diante do altar. Lembra-te que os caminhos da Terra regurgitam de escribas e fariseus que outra coisa não fazem senão conspurcar as coisas sagradas.

Mas tu, filho da Vida, que ostentas na face o sinal do Cordeiro, anda pela Terra como se estivesses na presença do Criador.

Por caminhos inimagináveis, irmão, a Misericórdia do Pai fará chegar à tua porta as bênçãos que o teu coração sofrido há tanto tempo espera. Sê fiel ao Senhor e confia na Sua bondade.

Bem Valioso

Caminhava solitário pela encosta do morro, enfrentando pedras e arbustos agressivos. Era uma façanha heróica, tendo-se em conta que, naquela altura de sua vida, possuía, apenas, duas tangas e um par de alpargatas. Mas era feliz. Certa vez, leu num velho jornal deixado debaixo de uma árvore, que haviam encontrado o homem feliz: ele tinha, apenas, uma camisa para vestir! Bobagem, pensou. Quando o coração alcança, realmente, aquela visão para além da fronteira de todas as misérias humanas, os nossos pés, mesmo feridos por rudes seixos, nos trazem a doce sensação de estar pisando perfumadas flores do campo, ali plantadas pela Misericórdia do Senhor do Universo. Às vezes, o Amor de Deus nos parece loucura. Muitas outras vezes, são as pedras do caminho que nos ensinam algo de bom e valioso.

As Semeadura e a Colheita

Era uma bela manhã de primavera. Debaixo de secular árvore, reuniam-se alguns mendigos daquela cidade...

E todos, a uma só voz, clamavam por justiça e imprecavam aos céus por tê-los abandonado em face da miséria que os angustiava.

Mulheres esfarrapadas, crianças raquíticas e velhos alquebrados formavam o quadro de infortúnio e dor que meus olhos contemplavam.

Ali, bem perto, em casas luxuosas, senhores do mundo já estavam de pé para o desjejum da mesa farta.

Tudo o que a terra produz de bom ali estava para saciar a fome e a volúpia de irmãos nossos, alheios ao que ocorria a uma milha, indiferentes à voz da consciência que desejar alçar-se ao nível da fraternidade, repartindo o pão para todos.

Eram essas as terríveis conjecturas que me visitaram naquela manhã, depois de uma noite mal-dormida e mal-sonhada.

E não é somente aqui que o quadro nos afronta a consciência!

Os caminhos da Terra, hoje regurgitados de miseráveis e famintos, buscam a códea de pão que ela, há tanto tempo, deseja levar a cada um de seus filhos!...

Diante do quadro de abandono que nos agride a razão e o bom-senso, somos compelidos a buscar, alhures, a razão de tanto sofrimento.

Em meio ao desconforto que quase me ofuscava a razão, aquela vozinha amiga e tão sábia assim falou:

— Filho, os que hoje sofrem na carne o desespero da miséria e da fome são aqueles mesmos que, em dias de invigilância, em passado distante, se compraziam no delírio que a riqueza proporciona, semeando, com as próprias mãos, as sementes dos frutos que, hoje, com lágrimas nos olhos, colhem.

Aqueles, porém, que forem capazes de suportar sem desespero a dor que os angustia, receberão, ao fim da jornada, a saudação do Anjo do Senhor:

"Vinde, filhos do meu Pai. Bem-aventurados os que têm fome e sede de Justiça, porque serão fartos".

A Quinta-Essência do Evangelho

Manhã cheia de sol. Debruçado sobre o vale, o monte erguia-se altaneiro, protegendo toda a planície dos ventos fortes do verão.

Passeava tranqüilo por um daqueles caminhos que demandavam os vários burgos da região.

O clima era agradável e o sol espalhava-se sobre o prado como um manto dourado, agasalhando tudo.

Numa curva da estrada, encontrei um menino tangendo um pequeno rebanho de cabras.

— Que fazes, jovem, assim tão cedo cuidando dos animais?

— Eu sou órfão de pai e logo cedo levo essas cabras até o vilarejo aqui perto para vender o leite a alguns compradores certos. Com essas cabras, minha mãe sustenta a casa, formada por ela e nós, seus três filhos.

— E você vai à escola, depois de terminar a sua tarefa?

— Não, pois os outros afazeres me ocupam o dia.

Assim era a vida desse pequeno David que não matava nenhum gigante, mas sim matava a fome de seus irmãozinhos.

Pela vida afora encontramos centenas de milhares de garotos que trocam o estudo pelo trabalho duro e os folguedos pela responsabilidade do pão que levam à mesa.

Ali, não muito longe, milhões e mulhões de irmãos nossos, de mãos conspurcadas, roubam o pão da casa do pobre, saqueiam a mesa das viúvas, vilipendiam a necessidade de irmãos mais pequeninos...

O Evangelho, que o Mestre nos prometeu ser pregado em todos os cantos da Terra, ainda não pôde realizar a alquimia sagrada no coração do homem.

E o Paráclito da Verdade, o Consolador, o qual, segundo a promessa do Cristo, já deve estar entre nós para restaurar todas as coisas, ainda não é ouvido pelas grandes massas que preferem as cantorias alucinatórias, com a compra do céu pelo pagamento fiel do dízimo.

Pobre humanidade que, de tão cansada, não ouve e não sente a aproximação do Mestre que não quer sacrifícios, mas apenas amor.

E o Amor é a quinta-essência do Evangelho.

Apêndice

O Enjeitado

Ao caro amigo G., paraplégico que, aos 8 anos, já havia passado por 13 cirurgias reparadoras.

Princípio

Há milhões de anos, forças cegas, incontroláveis, aberraram na calada da noite...

E os elos da imensa cadeia se partiram, desgarrando um, rejeitado, mutilado, disforme.

Procurando o equilíbrio, a cadeia se refez sem aquele elo, encontrando finalmente uma nova harmonia, em nova dimensão.

Aquele elo partido, perdido, enjeitado de todos os caminhos, pervagou pelo tempo em busca de seu destino, tentando gerar liames novos, uma nova ordem.

Obra ciclópica, infausta, porém!

Que culpa cabe a cada átomo que rejeitou o próprio irmão, naquela noite?

A noite escondeu o crime. O dia, porém, não esconde a mancha da consciência.

Sonhos

Mundos luminosos giram à sua volta, em dimensões inalcançáveis pela imaginação.

Ali, quase ao alcance da mão, a ficção da realidade que ele não ousa tocar...

Existirá esse mundo de normalidade ou ele sonha?

Que estranhos caminhos poderiam levá-lo àquele mundo de fantasia?! Poderiam, realmente?

Ou aquilo era apenas um pesadelo — um a mais, que vinha aumentar o seu desespero?

Acordando-o de seu devaneio, a mãe o chama para a realidade do balde de água suja onde ele deverá, pelo menos, eliminar o mau cheiro da uréia acumulada na fralda que trocara pela manhã.

Aprendera a suportar tudo. A incontinência urinária era apenas sua 13ª calamidade. A menos trágica em sua vida.

Esportivamente, relatava aos íntimos, o rosário.

Esperança

O menino cresceu, tornou-se adulto, mas não deixou de sonhar.

A noite desceu pesarosa, sepultando todas as recordações e todos os sonhos.

Dos escombros desse dia, uma aurora surgirá, anunciando novas esperanças para alimentar os sonhos do menino que se tornou homem mas não desaprendeu a arte de esperar.

E na fé e esperança que não se ausentam diante de tanta secura e tanto desamor, viverá ele para o dia de amanhã que acena com um despertar róseo para os que conservam o coração puro.

Pedras

Cortavam-lhe os pés as finas pedras do caminho. Mais do que as pedras, feria-lhe, no entanto, o olhar de indiferença, por vezes de hostilidade, das pessoas.

Cumpria religiosamente os sagrados deveres do dia: a ablução, o miserável café (na verdade, uma água suja), a sopa rala e o pão amargo da esmola sem amor.

Era um ritual trágico a acrescentar mais um pouco de azedume à sua vida. Cada dia, uma gota de fel a mais no seu cálice de sacrifícios.

Sua redenção tardava como tardam sempre as reparações.

No âmago de cada ato desumano que recebia, via sempre a mão do destino a cobrar-lhe velhas faltas da ancestralidade!

E ninguém ali de toda a sua árvore genealógica para solidarizar-se; ninguém para compartilhar da cruz!

Só uns poucos curiosos, que se tornavam auxiliares dos algozes, compareciam diariamente à arena.

Um dia surgiu uma réstia de luz que provinha de uma manjedoura e quis conquistar o mundo; à medida em que se agigantavam os maus, a luz foi sendo combatida, vencida.

Pausa

Hora de tormento, de anseios frustrados, de vãs esperanças que lentamente se escoam na ampulheta do tempo.

Emoções que se perdem no escrínio do esquecimento.

Fugazes instantes que acenam, que prometem, mas se desfazem na voragem dos dias iguais que a tudo devoram.

Sensação de desencanto, estrela caída, apagada, desprezada, morta.

Vida sem rumo que se estiola num amargo cotidiano.

Manhã que não se renova, porque só existe o presente, o hoje, duro como rocha, agressivo como um cão raivoso.

Manhã

Manhã ressequida, esquálida, de hálito pusilânime, que sopra bafo pestilento no desamor dos homens.

Caminhos que não se abrem, que convergem para encruzilhadas mil, no desespero dos sem-pão, no desconforto dos sem-rumo.

Passos incertos pedindo compreensão e boa vontade.

Vida cruenta cuja resposta é uma amarga indiferença em cada esquina.

Em cada rosto sem rosto, em cada expressão sem expressão, aquele vazio, aquela algidez do mármore.

Máscaras, máscaras! Máscaras que amortalham os homens... Todos!

Redenção

Curvou-se. Em verdade, vergou-o o peso dos pecados do mundo.

Que mal fez para agasalhar todos os desacertos das gerações? Por que clama por justiça quando — ele o sabe — justiça é apenas uma palavra?

Uma palavra a mais no vocabulário civilizado, um escárnio para o oprimido, fogo em brasa para o humilhado!

Quão estranhos são os homens! Inventam palavras que nada significam, que não têm utilidade.

Por quê? Por que esse sadismo? Para pisar mais ainda o humilde, fazendo-o sonhar com a reparação?

Estranhos caminhos cruzam a rota do homem que deseja a redenção. A adversidade esmaga-lhe os ossos para provar que apenas os vermes devem sobreviver.

E no mundo, milhões são triturados para que a loucura seja incensada em todos os altares da razão.

O Emprego

Como se encosta escarpada descesse, aos tropeções, chegou ao final da escada com apenas alguns arranhões e um corte mais profundo na face.

Tivera sorte, contudo, pensava. Poderia ter fraturado um membro e, aí, volta à oficina de reparos para a 14ª operação.

Era em verdade uma vida apertada, mas por vezes engraçada. De todos os seus amigos que por ele se interessavam, só um, de vez em quando, acenava-lhe com a possibilidade de um modesto emprego.

Mas, todas as vezes que ia se apresentar como candidato, sempre lhe ocorria pequenos desastres, quedas na lama, quebra de muletas, doença repentina, etc.

Naquele dia fora premiado com uma queda de sete degraus, descendo-os como um rojão com toda a parafernália.

Já se acostumara, também, a isso.

Aquela ironia do destino apenas acrescentava mais uma gotinha de fel à sua vida, já por si tão atribulada.

Mas prosseguia, na esperança de exaurir aquele carma que o acompanhava fielmente e, sempre, de maneira imprevista.

Renunciar à luta era concordar com o azar. Aceitar o azar e chutar para a frente era o mesmo que desafiar a montanha.

Ruminando esses pensamentos, recolheu-se ao tugúrio, ao mercúrio cromo, aos seus trapos.

Pela manhã ainda sentia, aqui e ali, algumas dores. Retornou com alguma dificuldade aos seus modestos afazeres, procurando esquecer o incidente e a possibilidade de trabalho.

Na hora do almoço compareceu à pensão, onde foi recebido pelo amigo, curioso das novidades.

— As novidades — disse — fedem a sangue de aleijado.

Baixou a cabeça e mergulhou na sopa.

Mutação

À medida que se aproximava seu calvário — consagração de uma vida nefanda e miserável — ele sentia que até as pedras do caminho mudavam, sofrendo metamorfose extraordinária. Aquelas pedras que há anos atrás lhe pareciam de coloração rósea, agora se apresentam com ligeiros traços de roxo, augurando um fim trágico próximo. As amarelas pareciam brasas; as avermelhadas tornaram-se chagas vivas, sangrando.

E tudo mudara. Sentia as unhas ferinas do orgulho feminino mais acentuado. O homem, na maior parte das vezes, à sua ligeira aproximação, transmudava a fisionomia — ou trocava a máscara? — para uma catadura terrível.

— Basta mexer no bolso para que se altere todo o panorama psicológico do ser humano.

A humanidade conspurcara na exacerbação do egoísmo, no cultivo do orgulho e da vaidade.

Ceva-se ela hoje no lamaçal das paixões, acreditando-se grande porque amontoou, ao longo dos séculos, quinquilharias e bombas para satisfazer ao capricho mais requintado de milhões de luciferes (se houvessem)!

Caminhando pelas ruas estreitas, sentindo em cada esquina o desprezo de um olhar, parecia carregar todas as chagas dos homens.

Lá fora, o mundo ri, rouba, alucina-se, enlouquece.

Nem uma lâmpada permanece acesa, em vigilância.

Galiléia

Crianças enfermas clamam por lenitivo. Velhos apodrecem em antigos depósitos de inválidos.

Em todos os cantos do mundo situam-se hoje silos de ogivas nucleares.

O homem transformou até os outrora verdes campos da Galiléia em áreas de terríveis disputas.

A mensagem perdeu-se no tempo e os poucos que sobre ela ousam falar são imediatamente rechaçados por razões de Estado.

A multidão tudo aceita em nome da salvação nacional.

Os letrados há muito venderam o que de melhor possuíam e hoje são apenas palmas alugadas aos ditadores do mundo.

As corcundas de ouro que governam a Terra culpam o povo pelo sacrifício que suportam carregando a própria opressão.

Os sábios se emascularam; os jovens confundem amor com pílula e tóxico com realização interior.

A ciência prostituiu-se nas perspectivas mirabolantes dos robôs, a serviço de vis conquistas.

A luz da Galiléia apagou-se e não há mais crianças a nascer em manjedouras...

Última Réstia

Tateando, procurou, no fundo da consciência, aquela réstia de luz, de compreensão que, sabia, ainda existia dentro de si.

Perdera todo o senso de dignidade nos últimos dez anos de humilhação. O prato dado com insolência não só humilha como destrói a própria consciência.

Recolhera-se há muitos anos a essa furna de autocomiseração e revolta. Sentia agora em cada ato das pessoas uma forma refinada de agredir. A humanidade tornara-se tão seca e estéril que até as mãos que se estendem para ajudar calçam luvas.

As cidades são imensas prisões que encurralam os homens em cubículos de cimento e ferro.

As fábricas transformaram-se em grandes compartimentos onde as máquinas com seus tentáculos fazem o homem executar tarefas programadas.

Nos escritórios, elegantes "Evas", em jaulas coloridas, acorrentam-se às máquinas de escrever, consumindo o tempo em trabalhos angustiantes.

Os campos tornam-se rapidamente apêndices das cidades e os que neles vivem sonham com a possibilidade de virar "escravos felizes" da megalópole.

Os profetas campeiam, oferecendo a preços módicos, ideologias salvacionistas e formas populares de democracia.

E a própria liberdade é vendida em recintos fechados para que seu perfume não se espalhe pela atmosfera, produzindo endemias de difícil conjuração.

— Nem sempre fora assim — pensava.

As pedras que anavalham e calcinam os pés pelos caminhos do mundo, outrora abençoavam o viajante escoteiro e os lares recebiam com hosanas o peregrino cansado.

Esses mesmos lares e essas mesmas pedras transformaram-se em carantonha e tridentes que repelem o viajor desprevenido.

Não. Não somente ele mudara, mas toda a humanidade!

Não, caro amigo G.! Não te entregues ao desespero que nada constrói!

Ali, um pouco adiante, brilha, inundada de luz, aquela Cruz que nos prometeu libertar das mazelas e tormentos, erguendo-nos a uma dimensão onde o Amor reina, soberano, sobre todas as cabeças.

MADRAS® Espírita
CADASTRO/MALA DIRETA

Envie este cadastro preenchido e passará receber informações dos nossos lançamentos, nas áreas que determinar.

Nome _____
Endereço Residencial _____
Bairro _____ Cidade _____
Estado _____ CEP _____ Fone _____
E-mail _____
Sexo ☐ Fem. ☐ Masc. Nascimento _____
Profissão _____ Escolaridade (Nível/curso) _____

Você compra livros:
☐ livrarias ☐ feiras ☐ telefone ☐ reembolso postal
☐ outros: _____

Quais os tipos de literatura que você LÊ:
☐ jurídicos ☐ pedagogia ☐ romances ☐ espíritas
☐ esotéricos ☐ psicologia ☐ saúde ☐ religiosos
☐ outros: _____

Qual sua opinião a respeito desta obra? _____

Indique amigos que gostariam de receber a MALA DIRETA:
Nome _____
Endereço Residencial _____
Bairro _____ CEP _____ Cidade _____

Nome do LIVRO adquirido: Em Busca da Cruz

MADRAS Espírita
Rua Paulo Gonçalves, 88 - Santana - 02403-020 - São Paulo - SP
Caixa Postal 12299 - 02098-970 - S.P.
Tel.: (0_ _11) 6959.1127 - Fax: (0_ _11) 6959.3090
http://www.madras.com.br

Para receber catálogos, lista de preços
e outras informações escreva para:

MADRAS
Espírita

Rua Paulo Gonçalves, 88 — Santana
02403-020 — São Paulo — SP
Tel.: (0_ _11) 6959.1127 — Fax: (0_ _11) 6959.3090
http://www.madras.com.br